AF244713

NAPOLÉON
AUX INVALIDES.

PRIX : 50 CENTIMES.

ORNÉ DE SIX BELLES VIGNETTES,

représentant :

1. L'Hôtel des Invalides.
2. Napoléon dans sa gloire, par CHARLET.
3. Carte topographique de l'Ile d'Elbe.
4. Carte topographique de l'Ile Sainte-Hélène.
5. Tombeau de Napoléon à Sainte-Hélène.
6. Napoléon visitant le tombeau du grand Frédéric.

PARIS.

F. KNAB, ÉDITEUR,

AU BUREAU CENTRAL DU MAGASIN UNIVERSEL,
Rue des Grands-Augustins, 20.

1840.

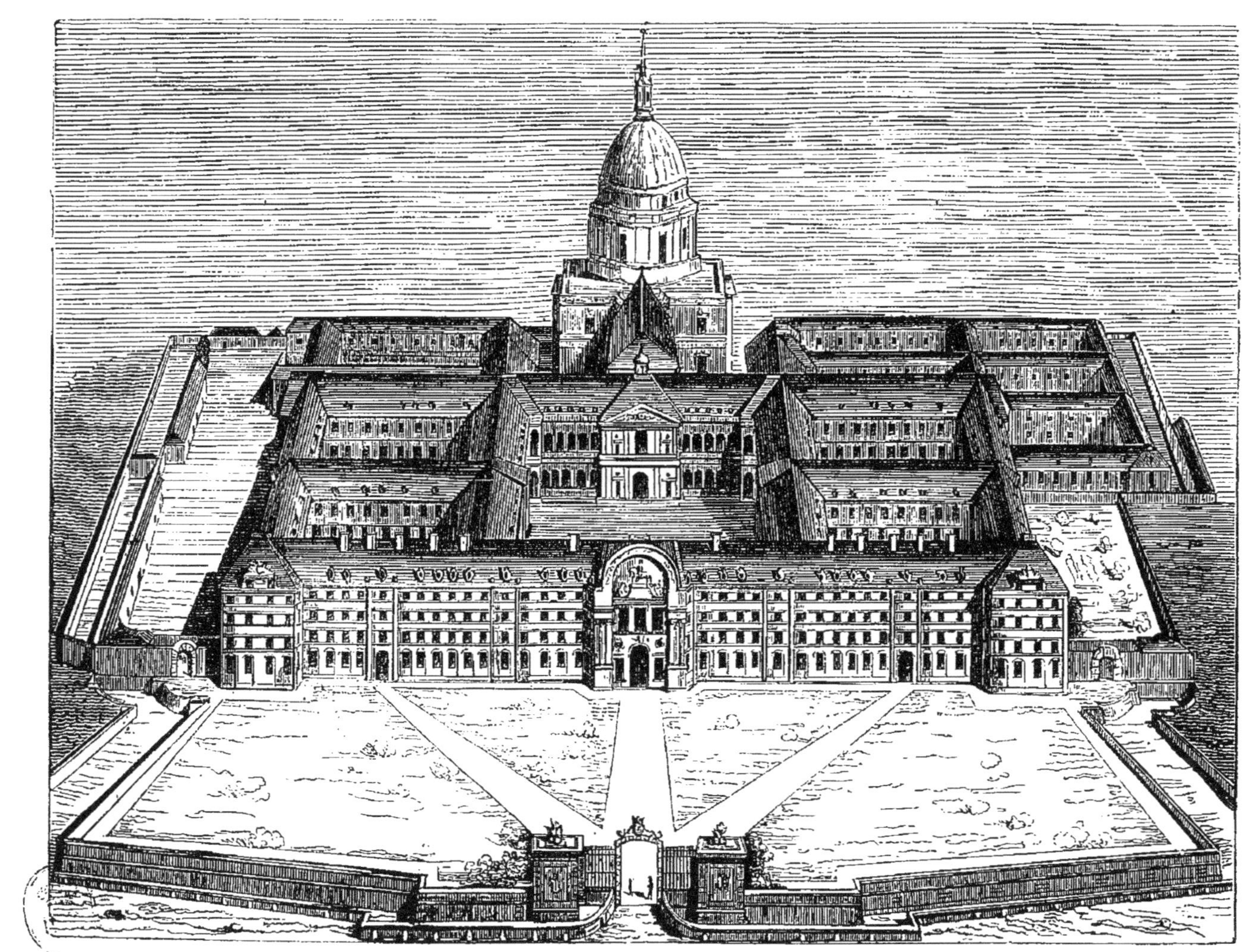

HOTEL DES INVALIDES.

NAPOLÉON

AUX INVALIDES.

Dédié à tous les Français.

PARIS,

F. KNAB, ÉDITEUR,

AU BUREAU CENTRAL DU MAGASIN UNIVERSEL,

rue des Grands-Augustins, 20.

NAPOLÉON AUX INVALIDES.

CHAPITRE I.

Retour des Cendres de Napoléon.

Une magnanime résolution vient d'être prise : bientôt
la France recevra, au bruit de ses acclamations, les
dépouilles de ce même Empereur qui, avec la promptitude
de l'aigle placé sur ses étendards, entrait victorieux dans
toutes les capitales du continent. Les remparts les plus for-
midables, les armées les plus nombreuses, les plus célèbres
par leur vaillance, les généraux les plus fameux, n'étaient
point des obstacles pour Napoléon ; tout s'abaissait, tout se
dispersait devant lui, de Rome à Moscou, de Madrid à
Vienne et à Berlin. Et il était grand partout, à la guerre
et dans son cabinet de travail, sur les champs de bataille et
au Conseil d'Etat. Il y a donc raison et justice dans ces
réflexions que M. Abel Hugo place en tête de sa patriotique Histoire de l'Empereur : « Les noms les plus illustres des
temps anciens et des temps modernes pâlissent devant
celui de Napoléon , s'écrie avec feu l'historien. Aucun des
grands hommes qui, jusqu'à présent, ont été le sujet de
toutes les comparaisons, peut-il être mis en parallèle avec
l'homme du XIXe siècle? Alexandre, Annibal, César,
Mahomet, Charlemagne, Henri IV et Cromwell, que sont-
ils auprès du général de l'armée d'Italie, du conquérant de
l'Egypte, du fondateur de l'empire français, du vainqueur
de l'Europe civilisée? Napoléon , supérieur à chacun d'eux
par la qualité même qui a fait leur gloire, l'emporte encore
par la réunion en sa personne des autres grandes qualités
qui leur ont manqué. Il pourrait soutenir la comparaison
avec ces rois fameux, ces illustres capitaines, ces sages légis-
lateurs, tous réunis ; à lui seul il les éclipse. »
Gloire et génie! vous exercerez toujours un mystérieux
prestige sur les Français ! nous applaudirons toujours à ce

qui est grand, et toujours nos cœurs tressailleront en entendant prononcer le nom d'un homme que l'antiquité eût placé au rang de ses dieux. Oui, son nom seul fera tressaillir ; que sera-ce lorsque nous pourrons nous grouper autour de ses restes mortels, sous le dôme des Invalides? lorsque nous pourrons nous mêler aux vieux compagnons de ses triomphes ; lorsque en face des cendres de leur Empereur, ils nous rediront ses exploits? Ce jour de consolation et d'orgueil pour la patrie n'est pas éloigné ; une frégate, pavoisée aux couleurs nationales, va se rendre sur les rivages de Sainte-Hélène, afin de ramener en France celui que la trahison en fit sortir.

Dans la séance du mardi 12 mai, à la Chambre des Députés, le ministre de l'intérieur a prononcé un de ces discours mémorables qui ne doivent pas rester dans l'oubli. Nous le consignons ici avec un bonheur inexprimable :

« Messieurs,

« Le Roi a ordonné à S. A. R. M. le prince de Joinville de se rendre avec sa frégate à l'île de Sainte-Hélène pour y recueillir les restes mortels de l'empereur Napoléon.

« Nous venons vous demander les moyens de les recevoir dignement sur la terre de France, et d'élever à Napoléon son dernier tombeau.

« Le gouvernement, jaloux d'accomplir un devoir national, s'est adressé à l'Angleterre et lui a demandé le précieux dépôt que la fortune avait remis dans ses mains. A peine exprimée, la pensée de la France a été accueillie. Voici les paroles de notre magnanime alliée.

« Le gouvernement de S. M. britannique espère que la
« promptitude de sa réponse sera considérée en France
« comme une preuve de son désir d'effacer jusqu'à la der-
« nière trace de ces animosités nationales qui, pendant la
« vie de l'Empereur, armèrent l'une contre l'autre la
« France et l'Angleterre. Le gouvernement de S. M. bri-
« tannique aime à croire que si de pareils sentiments exis-
« tent encore quelque part, ils seront ensevelis dans la
« tombe où les restes de Napoléon vont être déposés. »

« L'Angleterre a raison, Messieurs ; cette noble restitution resserre encore les liens qui nous unissent. Elle achève de faire disparaître les traces douloureuses du passé. Le temps est venu où les deux nations ne doivent plus se souvenir que de leur gloire.

« La frégate chargée des restes mortels de Napoléon se présentera, au retour, à l'embouchure de la Seine. Un autre bâtiment les rapportera jusqu'à Paris. Ils seront déposés aux Invalides : une cérémonie solennelle , une grande pompe religieuse et militaire inaugurera le tombeau qui doit les garder à jamais.

« Il importe en effet, Messieurs , à la majesté d'un tel souvenir , que cette sépulture auguste ne demeure pas exposée sur une place publique , au milieu d'une foule bruyante et distraite. Il convient qu'elle soit placée dans un lieu silencieux et sacré , où puissent la visiter avec recueillement tous ceux qui respectent la gloire et le génie, la grandeur et l'infortune.

« Il fut Empereur et Roi ; il fut le souverain légitime de notre pays. A ce titre, il pourrait être inhumé à Saint-Denis ; mais il ne faut pas à Napoléon la sépulture ordinaire des Rois. Il faut qu'il règne et commande encore dans l'enceinte où vont se reposer les soldats de la patrie, et où iront toujours s'inspirer ceux qui seront appelés à la défendre. Son épée sera déposée sur sa tombe.

« L'art élèvera sous le dôme, au milieu du temple consacré par la religion au Dieu des armées, un tombeau digne, s'il se peut, du nom qui doit y être gravé. Ce monument doit avoir une beauté simple, des formes grandes, et cet aspect de solidité inébranlable qui semble braver l'action du temps. Il faudrait à Napoléon un monument durable comme sa mémoire.

« Le crédit que nous venons demander aux Chambres a pour objet la translation aux Invalides, la cérémonie funéraire, la construction du tombeau.

« Nous ne doutons pas, Messieurs, que la Chambre ne s'associe avec une émotion patriotique à la pensée royale que nous venons d'exprimer devant elle. Désormais la France, et la France seule, possédera tout ce qui reste de Napoléon. Son tombeau, comme sa mémoire, n'appartiendra à personne qu'à son pays. La monarchie de 1830 est, en effet, l'unique et légitime héritière de tous les souvenirs dont la France s'enorgueillit. Il lui appartenait sans doute, à cette monarchie, qui, la première, a rallié toutes les forces et concilié tous les vœux de la révolution française, d'élever et d'honorer sans crainte la statue et la tombe d'un héros populaire ; car il y a une chose, une seule, qui ne redoute pas la comparaison avec la gloire, c'est la liberté. »

Ainsi se trouve ramenée sur la scène politique la majesté des souvenirs et d'un glorieux passé. Ce dénouement honore l'Angleterre, qui saisit avec habileté l'occasion de réparer ses rigueurs envers l'illustre captif, pour désarmer la justice inflexible de l'histoire. Quand, dans quelques mois, la France, par des démonstrations unanimes, glorifiera les dépouilles et la mémoire de Napoléon, elle le traitera, vingt ans après sa mort, comme fera la postérité la plus reculée, car elle prononcera que ses fautes sont effacées par le contre-poids d'une renommée sans égale. Les résistances, les insultes et les outrages contemporains sont sans influence sur les jugements de l'avenir et la reconnaissance populaire. La postérité et le peuple voient toujours les choses en grand, sans chicaner sur les détails ; ils protégent contre toutes les accusations et toutes les rancunes les hommes qui leur ont légué d'importants résultats.

En effet, c'est Napoléon qui a relevé la France humiliée, qui a relevé la religion proscrite ; tout ce que nous possédons encore aujourd'hui d'institutions durables, le Conseil-d'Etat, l'Université, le Code, c'est à lui qu'on le doit ; cette centralisation énergique, cette administration forte, c'est l'ouvrage de Napoléon. Aussi le monde entier est plein de la gloire de l'Empereur ; son nom, le souvenir de ses services, électrisent la France, parce que la France est une grande, une généreuse nation, et que le signe le plus certain de la grandeur d'un peuple se trouve dans la reconnaissance des services rendus, dans l'admiration pour le génie et dans le culte des souvenirs. La mesure prise pour la translation des cendres de Napoléon a donc produit partout une sensation profonde ; à Paris comme dans les départements, les amis de la gloire nationale ont appris avec joie que leurs vœux allaient être enfin exaucés, et que la clause la plus touchante du testament de Sainte-Hélène recevrait bientôt son exécution. Cette clause, en date du 16 avril 1821, est ainsi conçue : « Je désire que mes cendres reposent sur les bords la Seine, au milieu de ce peuple français que j'ai tant aimé. »

Une circonstance que l'on ignore généralement, c'est qu'il n'a jamais été dans l'intention du gouvernement anglais de laisser les dépouilles de l'Empereur à Sainte-Hélène ; le projet primitif était de les transporter dans la Grande-Bretagne, comme le prouvent les instructions données le 30 juillet 1815 à l'amiral Cockburn, instructions presque oubliées aujourd'hui et dont voici la dernière partie : « Si le *général* Bonaparte venait à tomber sérieusement malade, l'amiral et le gouverneur nommeront chacun un médecin qui ait leur confiance, pour traiter le *général* conjointement avec son propre médecin. Ils leur enjoindront strictement de leur faire tous les jours leur rapport sur l'état de sa santé. En cas de décès, l'amiral donnera des ordres pour que son corps soit transporté en Angleterre. »

Heureusement il n'en sera pas ainsi! C'est en France, à Paris, près des rives de la Seine, que seront déposés les restes de Napoléon; la tombe de l'Empereur, aux Invalides, sera ombragée par les mille étendards qui rappellent ses triomphes, et l'ombre du grand capitaine dominera la foule des illustrations guerrières de la patrie, conduites par Turenne et Vauban, que Napoléon lui-même avait fait transporter dans ce sanctuaire de nos victoires.

Reproduirons-nous les magnificences de l'Hôtel des Invalides? décrirons-nous le luxe de ses galeries, l'étendue de ses cours, l'immensité de ses souterrains?

Lorsqu'on admire les détails de la superbe architecture de l'hôtel, les sculptures répandues avec profusion sur les murs, les canaux percés de toutes parts pour répandre l'eau en abondance, et les peintures, et les arabesques qui décorent la plupart des galeries, comment concevoir que Louis XIV, qui y posa la première pierre en 1670, put en 1674 y venir recevoir les témoignages de la reconnaissance des hôtes qui l'habitaient? Cependant il est vrai qu'en moins de quatre années les soldats répandus dans la France çà et là, sans ordre ni discipline, furent appelés et réunis. Ils trouvèrent élevé pour eux ce palais, qui devait protéger dans tous les siècles les défenseurs de la patrie. Tous les artistes se disputèrent l'honneur d'aider le roi dans sa pensée sublime; aussi non-seulement l'Hôtel des Invalides est le plus philanthropique des établissements, mais il est encore le plus splendide édifice que la France et l'Europe possèdent.

La coupole s'élève avec élégance à 300 pieds du sol; quarante colonnes la décorent. A l'intérieur elle est ornée des peintures des plus célèbres artistes du règne de Louis XIV, et son pavé offre la variété des marbres mosaïques de l'Italie : placée derrière le maître autel, cette coupole semble une gloire pour monter vers Dieu.

Ce dôme magnifique abritera, dans un terme prochain, le corps de l'Empereur, qui introduisit dans l'établissement tant d'améliorations utiles. Par ses ordres, on prodigua à la vieillesse des soins plus attentifs, et à la souffrance des soulagements plus efficaces. Sur le tombeau de Napoléon brillera son épée, l'épée qu'il portait à Austerlitz, à Eylau, à Friedland et à Wagram! Le général Bertrand, ce type de dévouement et de fidélité, viendra déposer sur le sépulcre les armes de celui qu'il accompagna dans l'exil.

« Au mois d'avril 1821, à l'île Sainte-Hélène, écrivait en 1836 l'ancien grand-maréchal, l'Empereur, peu de jours après avoir fait son testament, me fit appeler, m'entretint de quelques-unes des dispositions qu'il venait de prendre, de quelques autres qui lui restaient à faire, et me dit qu'il venait de me charger de porter ses armes à son fils ; qu'il ne pouvait rien lui laisser de plus précieux, mais qu'il ne fallait les lui remettre que lorsqu'il aurait atteint l'âge de seize ans, car les remettre plus tôt, ce serait, disait-il, les donner à l'Autriche.

« Ce douloureux entretien se prolongea pendant deux heures, de six à huit heures du soir. L'Empereur parla de la France et de l'armée, de son fils et de ses parents, avec ce souvenir du passé et cette prévoyance de l'avenir qu'il a conservés presque jusqu'à son dernier soupir.

« Dans une de ces courtes pauses qui se présentaient en passant d'un objet à un autre : « Le cours de nos destinées « est si incertain, dis-je à l'Empereur, que je prie Votre « Majesté de m'excuser si je lui demande quelles seraient « ses intentions, le cas survenant d'un malheur qui, j'es— « père, n'arrivera pas. Mais enfin, si une mort prématurée « enlevait le jeune prince, votre fils, avant que je pusse « me conformer à vos intentions, quel usage devrais-je « faire de vos armes ? — Vous les garderez, me répondit « l'Empereur : il vaut autant que vous les ayez qu'un « autre. »

« Par un état joint à son testament, l'Empereur me chargeait aussi de remettre à son fils une de ses boîtes, dites *nécessaires*, destinées aux voyages, celle qui lui servit le matin dans les grandes journées d'Ulm, d'Austerlitz, d'Iéna, d'Eylau, de Friedland, de l'île de Lobau, de la Moskowa et de Montmirail. A quoi l'Empereur ajoutait : « Le comte Bertrand en est dépositaire depuis 1814. »

« A cette occasion, quelques éclaircissements peuvent n'être pas inutiles.

« En avril 1814, peu de jours avant le départ de Fontainebleau, l'Empereur avait fait le don au maréchal Macdonald d'un sabre, d'un autre sabre au duc de Vicence, et à moi de celui qu'il portait à la bataille d'Aboukir. Il en donna un également au général Drouot.

« Il chargea, de plus, M. de Turenne, maître de la garderobe, d'examiner ses nécessaires, et d'en choisir un dont il voulait me faire présent. M. de Turenne proposa à

Sa Majesté de me donner son grand nécessaire, qui était peu portatif. L'Empereur m'en fit gracieusement cadeau.

« En 1815, à Rochefort, lorsqu'il avait le projet de s'embarquer pour l'Amérique, l'Empereur me dit qu'il lui serait agréable que je fisse venir son grand nécessaire des batailles, et qu'il m'en paierait la valeur. Je répondis que je le ferais venir très-volontiers, puisque telle était sa volonté, mais que j'attachais trop de prix à ce beau présent pour renoncer à en être propriétaire.

« L'Empereur, animé dans ses derniers moments du désir d'environner son fils de tous les souvenirs qui pouvaient lui rappeler la gloire de son père, exprima l'intention que ce meuble fût joint à tous les autres objets qu'il laissait à son unique descendant légitime. Certes, cette intention eût été religieusement remplie ; mais puisque celui qui règle toutes choses n'a pas permis que les armes du héros pussent être remises à ce fils qui, appelé à sa naissance à de si brillantes destinées, est mort, à la fleur de l'âge, prisonnier de la Germanie, ces armes, le legs le plus précieux qu'il pût faire à son fils, pour employer les propres expressions de Napoléon lui-même, sont devenues, par sa volonté expresse, ma propriété personnelle.

« De ce don précieux, de ce dépôt inestimable, j'en dois compte à la postérité.

« Je ne puis pas faire un meilleur usage de ces mêmes armes, devenues miennes incontestablement, que de les offrir à ma patrie, à cette France que l'empereur Napoléon, le grand Bonaparte, a environnée d'une gloire si étendue dans les cinq parties du monde ; à ce peuple généreux qui lui avait inspiré cette devise : *Tout pour le peuple français.*

« D'un autre côté, lorsque Napoléon a écrit dans son testament ces touchantes paroles : « Je désire que mes « cendres reposent sur les bords de la Seine, au milieu de « ce peuple que j'ai tant aimé », n'est-ce pas pour moi un devoir de réclamer l'accomplissement de ce désir, désir que ses exécuteurs testamentaires ont fait connaître au dernier gouvernement, et que, depuis 1830, j'exprimai à la tribune nationale ?

« Que la France, chez qui la gloire de Napoléon excite chaque jour de plus en plus un juste orgueil, que la France réclame sa dépouille mortelle ! Que ses cendres, selon l'expression antique dont il a fait usage, au lieu de rester solitaires et abandonnées sur un rocher au milieu des mers, puissent reposer parmi nous, à l'ombre de ces trophées élevés aux victoires de nos armées; alors je suspendrai l'épée du héros aux canons de la colonne d'Austerlitz.

« S'il ne m'est pas donné de le faire, mes mesures sont prises pour l'exécution, après ma mort, de cette disposition patriotique. J'espère qu'elle aura l'assentiment des cœurs français, des âmes nobles et généreuses, au dedans comme au dehors de ma patrie. »

Le désir du général Bertrand et de la France va être accompli, répétons-le; et de toutes les parties du monde les admirateurs de la gloire viendront en pèlerinage aux Invalides, pour saluer l'homme unique qui a le mieux résumé en lui les idées de nationalité, idées fécondes qui seules perpétuent la force d'un pays.

CHAPITRE II.

Aperçus nouveaux sur les destinées de Napoléon.

Dans la seconde moitié du dix-huitième siècle s'élevait à Ajaccio, la ville corse aux maisons blanches, une petite habitation qui renfermait une belle et nombreuse famille. En Corse, comme dans les sociétés primitives, la famille est un foyer que nul n'ose outrager. Là, vivait un homme de bonne origine; son nom était Carlo Bonaparte; sa généalogie était antique, car on le disait originaire de Toscane; les tempêtes politiques, si fréquentes en Italie, avaient jeté sur les rochers de la Corse ses ancêtres exilés. La preuve de sa noblesse résultait de plusieurs titres inscrits dans les archives; mais, plus tard, Napoléon, devenu empereur, souriait lorsqu'on lui parlait de ces vieux parchemins : « Je n'y mets aucun prix, s'écriait-il; ma noblesse ne date que de Montenotte ou du 18 brumaire (1). »

Carlo Bonaparte avait épousé Lætitia Ramolini, aux traits largement dessinés, comme ces femmes que l'on voit dans les Apennins; Lætitia Ramolini fut depuis la mère de l'empereur Napoléon.

Ce ménage comptait huit enfants, cinq garçons et trois filles, tous vivants et à l'image de leur mère ! L'aîné des

____

(1) Consultez toujours l'Histoire de Napoléon, par Abel Hugo, p. 9, in-8°.

ILE
D'ELBE.
MER
MÉDITERRANÉE
CANAL DE LA CORSE
Citella Vda
M. Àrenzola
C. Enfola
Ile Scoglietto
PORTO-FERRAJO
Marina di Rio
Monte della Misericordia
Marciano
M. Capanne
M. Seccagno
Magazzini
Colonne
S. Maria
Marciana Marina
PORTO-LONGONE
M. Calamita
Marciana di Campo
C. di Pace
C. del Marciana
C. Bianco
C. della Pera
M. Focarde
C. Focarde
Ile Corate
C. Bianco
Capo Bianco
Rio
Marina di Rio
M. Arco

garçons avait nom Giuseppe, le second Napolione ; puis venaient Luciano, Luiggi, Gierolamo ; les filles se nommaient Marianna, Anonciada, Carletta, depuis connues sous les noms de Caroline, de Pauline et d'Elisa. Une si belle lignée avait gagné l'affection du comte de Marbœuf, gouverneur général de l'île de Corse, récemment domptée. Les ordres de la cour de Versailles étaient positifs : le gouverneur devait attirer à des sentiments tout français les principaux gentilshommes influents du pays, et le comte de Marbœuf se lia d'une vive affection avec la *casa* des Bonaparte. Charles, le père, vint en France pour y faire foi et hommage à Louis XVI, l'année de son avènement au trône ; il fut, au retour, nommé assesseur près la cour de justice d'Ajaccio.

C'était reprendre des habitudes pacifiques, car Charles Bonaparte avait servi avec honneur sous Paoli, lors de la guerre de l'indépendance. Paoli, l'image vénérée de la Corse, aimait les Bonaparte ; son palais fastueux était entouré de ces familles patriciennes qui vivent là, dans les montagnes, avec les pâtres, âmes trempées de fer qui ne pardonnent jamais.

Tel fut le berceau de Napoléon : quand l'enfant grandit, sa physionomie prit de plus en plus le caractère corse, le front large, les yeux beaux et perçants, le nez bien fait, les membres forts, la chair basanée, la taille petite pour son âge, mais parfaitement proportionnée. Il avait huit ans quand il vit la France pour la première fois.

Le petit Napolione vint à Autun, et y resta six mois auprès de M. de Marbœuf, pieux évêque, qui en prit tous les soins qu'appelait cet enfant, jeté loin de son foyer. Il existait alors une école militaire à Brienne, sous la direction des pères Minimes, et d'habiles professeurs instruisirent Napoléon. Sept ans s'écoulèrent à Brienne, où de fortes études furent faites sous les Minimes ; Bonaparte ne quitta ces exercices que pour entrer à l'Ecole militaire. Quand vous traversez cet établissement, vous pouvez voir les débris de la cour d'honneur où Bonaparte jouait enfant (1). De l'Ecole militaire, Napoléon passa dans l'armée avec le

(1) Voici la note de l'inspecteur de l'école sur Napoléon : « M. Bonaparte (Napoléon), né le 15 août 1769, taille de quatre pieds dix pouces dix lignes, a fini sa quatrième année. Bonne constitution, santé excellente, caractère soumis, honnête et reconnaissant, toujours distingué par son application aux mathématiques. Il sait passablement son histoire et sa géographie ; il est assez faible dans tous les exercices d'agrément et pour le latin, où il.n'a fait que sa quatrième classe ; *sera un excellent marin.* »

titre de sous-lieutenant, au régiment de La Fère artillerie.

Deux années de garnison à Grenoble influèrent profondément sur toute la vie de Bonaparte ; tandis qu'une noblesse folle et bruyante dissipait son temps dans les plaisirs, le jeune sous-lieutenant étudiait ; il se passionnait pour l'antiquité. Rome fut l'objet de ses contemplations méditatives, et Rome devint la passion de sa vie ; les vastes conquêtes troublaient son sommeil. Plus tard, il aimait à voir ses armées imiter les vieilles légions ; il semblait leur dire : « Vous n'avez rien fait comparativement à Rome, ni ses grands travaux, ni les marches militaires de ses légions. » Les Césars lui paraissaient seuls gigantesques ; il présentait pour exemple à ses soldats, ces cohortes qui des rives de la Bretagne brumeuse allaient conquérir Jérusalem et les pays brûlants de la Syrie. Napoléon aima Corneille pour Rome, Talma pour Rome, David pour Rome ; esprit marqué à l'antique, il fut comme une de ces figures de consuls que l'on retrouve sur les arcs de triomphe au Campo-Vaccino. Ces études de Plutarque et des Romains, Bonaparte les poussa fort loin à Grenoble ; il lisait avec passion ; il s'essayait même à jeter ses idées sur des compositions ardentes, car sa pensée débordait.

Pendant ce temps, la famille Bonaparte faisait une grande perte ; Carlo, le père commun, passait sur le continent, et portait dans son sein le germe d'une cruelle maladie ; il vint à Montpellier pour se faire guérir ; il y mourut lentement de cette plaie à l'estomac qui se développa terrible chez son fils, sous le climat de Sainte-Hélène.

Les événements marchaient ; la Révolution se manifestait toute-puissante ; les idées de liberté et d'égalité ne se concentraient pas seulement dans le peuple et les soldats ; elles s'élevaient jusqu'aux gentilshommes et aux officiers ; la noblesse se suicidait à plaisir. Le jeune Bonaparte ne fut plus maître de sa destinée. Paoli revenait en France, rappelé par un décret de l'Assemblée constituante ; n'était-il pas l'ami de Carlo Bonaparte, son père ? n'était-il pas Corse et le protecteur de sa famille ? Le sous-lieutenant n'hésita donc pas à le suivre ; il avait la patrie commune à défendre et son ambition à satisfaire. Napoléon, attaché à Paoli, le servit d'abord avec le dévouement d'une âme ardente. Bientôt les événements si rapides, si inflexibles de la Révolution, séparèrent les fiers amis ; la Corse se divisa, comme la France, en deux partis, les aristocrates et les démocrates. Des assemblées départementales s'étaient formées en Corse pour défendre l'indépendance de l'île ; et,

chose curieuse! dans une assemblée réunie tumultueuse-
ment, le peuple corse bannit avec solennité la famille des
Bonaparte, et déclara frappé d'infamie ce nom qui fait aujourd'hui son éclat et son orgueil. Cette délibération, qui
paraît si bizarre, expression des temps de troubles et de
désorganisation, existe encore, imprimée avec les autres
actes de la consulte.

La pauvre famille, exilée comme les antiques patriciens
de Rome, quitta donc Ajaccio, et vint, avec tant d'autres réfugiés corses, habiter Marseille, la ville de commerce, aux mœurs presque italiennes, et alors elle-
même livrée aux partis. La tradition veut qu'à Marseille,
Caroline se soit consacrée à tous les soins de la domesticité
envers sa mère ; elle allait chercher les petits fagots, les pro-
visions du ménage : beau dévouement dans une enfant pour
laquelle M. de Marbœuf avait sollicité naguère une place
dans une maison royale.

Ainsi vécut pauvre à Marseille la famille Bonaparte,
tandis que son puîné, Napoléon, saisissait l'épée et servait
dans l'armée à Toulon. Napoléon alors était franc Jacobin ;
son origine corse avait imprimé dans son âme une teinte
romaine. Bonaparte avait déjà les idées d'un pouvoir fort;
les Jacobins allaient à son esprit, parce qu'il rencontrait
dans cette vaste organisation un principe d'unité et d'énergie, l'objet de ses rêves. Au siége de Toulon, Bonaparte
joue le tout pour le tout comme un cadet de race ; il a besoin de se montrer ; sa fortune est à faire, il conçoit promptе-
ment et veut exécuter de même. Tout cet épisode de la vie
militaire de Napoléon se résume par l'impérative nécessité
de réussir et de grandir ; il se jette dans le parti des vainqueurs avec exaltation.

Après la chute de Robespierre, Bonaparte s'efface ; il était
trop lié avec les Jacobins pour ne pas éprouver le contre-
coup de leur disgrâce ; il tombe avec la dictature du comité
de salut public, pour se relever avec le 14 vendémiaire,
qui est le retour vers l'énergie du pouvoir. L'idée de force
gouvernementale plaît toujours à Napoléon. Qu'est-ce que
le 14 vendémiaire? Des sections tumultueuses attaquent
le gouvernement établi ; la Convention menacée a l'autorité
en main, et doit se défendre contre l'insubordination des
assemblées électorales ; qu'importe qu'il s'agisse de verser
le sang par la mitraille? C'est l'unité de pouvoir que le général Bonaparte défend. On le retrouve toujours lui-même ;
naguère il combattait les Fédéralistes au siége de Toulon,
il marchait avec les Jacobins ; maintenant il défend la Con-

vention nationale, l'autorité constituée, par les moyens les plus violents : il est ici dans sa nature.

Les liaisons de Bonaparte avec Barras partent du siége de Toulon ; le président du Directoire fut son protecteur. On a voulu faire croire que le représentant du peuple Gasparin fut un des auteurs de la fortune du jeune général. Gasparin avait quitté le siége, et cet épisode fut ajouté pour décharger Bonaparte d'une reconnaissance importune envers Barras. Après le 14 vendémiaire, Napoléon reçoit le commandement de l'armée de l'intérieur, la garde réelle du Directoire ; on le voit incessamment dans les salons de Barras : il est le bras droit de son pouvoir, il le défend ; et c'est moins son mariage avec Joséphine que sa position de confiance envers le Directoire qui le fit nommer commandant en chef de l'armée d'Italie. Le commandement de l'armée d'Italie est la récompense du 14 vendémiaire. Après avoir affermi le pouvoir à l'intérieur, Bonaparte a besoin de faire respecter la République par la conquête et la victoire sur les frontières ; il part avec cette conviction profonde qu'il lui faut des succès.

Quand la victoire vient et qu'elle lui donne une grande force, une immense popularité, le général parle en maître ; il sent sa puissance et en use. D'abord il établit sa propre autorité dans le camp ; il est entouré de généraux de division qui sont habitués, comme lui, à vaincre. Jaloux peut-être de voir ce jeune officier les conduire comme un chef à la bataille, Masséna, Augereau, Cervoni, Joubert, Rampon, ne subissent pas tout d'un coup le frein ; il faut les dompter à force de merveilles ; ils veulent rester camarades, et lui se pose en maître ; il les éblouit de ses feux de gloire, il leur impose sa supériorité par des combinaisons stratégiques d'une telle force, d'une telle puissance de talent, que nul ne peut y atteindre ; il refoule les armées autrichiennes les unes sur les autres ; qui pourrait résister à un tel ascendant? Son autorité, reconnue par ses lieutenants, est saluée par ses soldats, vieilles troupes habituées aux privations ; lui seul donne à chacun sa part dans un riche butin.

Cependant la crise augmente pour le Directoire, il a besoin d'une armée afin de soutenir sa puissance chancelante. Comme il est débordé partout dans les Conseils, Barras s'ouvre au général Bonaparte ; il lui écrit en Italie. Le Directoire consulte l'impitoyable commandant qui sauva la Convention au 14 vendémiaire ; l'armée d'Italie n'est-elle pas fortement républicaine? On le sait, et l'on vient à elle pour demander appui. Bonaparte saisit ces propositions avec joie. En définitive, le résultat lui assure le gouvernement. C'est au 18 fructidor que le Directoire se met dans les mains de l'armée d'Italie et de son général ; des clubs se forment dans les corps, et on délibère des adresses ; le pouvoir militaire exprime un vœu, et ce vœu est un ordre, parce qu'il est soutenu par la force et les baïonnettes ; désormais le gouvernement appartient au soldat. C'est le général Augereau qui vient à Paris par les ordres de Bonaparte, et il met la main sur les députés, comme pour essayer le 18 brumaire, où on les jeta par la croisée. Ce jour-là, c'en est fait du pouvoir civil, l'autorité est passée au premier général heureux et ferme.

Ce grand éclat qui environne le général Bonaparte rejaillit sur sa pauvre famille ; la mère, les frères, les sœurs, ont quitté Marseille où leur misère ne leur a pas été pardonnée ; ils fixent leur séjour à Paris, et comme l'union la plus intime règne là, tous s'efforcent de grandir encore la fortune et la popularité de Napoléon qui est leur orgueil. Le général a des frères admirables pour conduire et dominer les esprits : Joseph, Lucien, ne parlent que de la gloire de celui qui s'élève si haut ; Lucien sera du conseil des Cinq-Cents ; Joseph est intime avec les fournisseurs et les financiers ; madame Beauharnais-Bonaparte réunit dans son salon tout ce que la mode d'alors a d'élégant, les gens d'esprit et les hommes du jour. On agit sur la presse ; on ne cause que du général Bonaparte, de sa gloire, de ses merveilles : partout, en France comme à l'étranger, on jette à pleines mains l'éloge.

A cette époque, Bonaparte, à peu près maître de la position qu'il choisira, éprouve la nécessité d'accomplir une campagne historique à la suite d'une de ces expéditions grandioses qui frappent vivement les générations ; il lui faut quelque chose de magnifique qu'on ne puisse regarder qu'avec un sentiment d'admiration sublime. C'est alors qu'il prépare la campagne d'Égypte. Les idées de Pompée et de César se marient dans sa vaste intelligence ; l'Orient frappe son imagination : les Sphinx, les Pyramides, les villes aux cent portes avec leurs myriades d'habitants, leurs soldats et leurs esclaves noirs aux colliers d'or ; toutes ces pompes se déroulent majestueusement devant lui. Il sait que c'est de l'Orient que sont venus tous les hommes qui ont parlé aux croyances et aux grandes idées du peuple ; c'est de l'Orient aussi que partaient ces légions qui remuaient le monde et faisaient les empereurs. Par la Syrie, il veut agir comme un colosse, un pied sur l'Asie, un pied sur l'Europe. Avec quel soin il prépare cette expédition! comme il la fait venir de loin, comme il en exalte la partie scientifique et la partie militaire ! Quand il touche l'Égypte, il veut être tout à la fois le général habile, l'administrateur exercé, l'homme de gouvernement et d'histoire, le savant, enfin, qui demande à l'Institut la solution de quelques problèmes.

En Égypte le général Bonaparte ne cesse d'avoir les yeux sur la France ; il caresse l'opinion publique avec un soin tout particulier, il veut la frapper vivement par des bulletins gigantesques. Dans les revers comme dans les victoires il est grand ; il emprunte à l'orientalisme ses formes et ses figures, il se déclare l'ami du Prophète, il prend dans son langage quelque chose de pompeux ; tout se ressent du soleil ardent et des sables immenses du désert. Il n'est pas un seul discours du général qui n'ait pour objet de jeter sur sa personne quelque chose de plus grandiose, s'il est possible, que ses actions. Il veut que l'humanité disparaisse pour ne plus laisser que le héros, le sage, le législateur ; il veut que le peuple français l'invoque dans les malheurs de la patrie comme le seul bras assez puissant pour le sauver de la crise ; il marche si bien à ses desseins que plus les nouvelles sont rares, plus on parle de lui. Bonaparte essaie tous les prestiges : l'éloquence et la victoire ; il lance à propos ses prophéties, ses inquiétudes et ses paroles d'amour, d'espérance et de dépit pour la France. Il ne veut pas qu'on le considère comme ces généraux qui brillent autour de lui, mais bien comme la seule pensée rationnelle qui doit finir la tourmente publique. Quand cette opinion est bien faite, quand elle est devenue populaire en France, tout à coup, sans préparatifs, comme un éclat de tonnerre, on apprend, par le télégraphe, que le général Bonaparte est débarqué à Fréjus, et que, sans préparation, sans quarantaine, il marche triomphalement vers Paris ! Bonaparte veut saisir la dictature militaire, et le 18 brumaire lui met bientôt le pouvoir en mains ; les députés se dispersent dans le parc et les jardins de Saint-Cloud. La puissance du glaive est en pleine possession de l'autorité. D'abord relégué à la troisième place, Bonaparte ne tarde pas à éclipser ses collègues : il est nommé premier consul. Telle est l'attraction d'une intelligence supérieure, d'un caractère ferme et résolu, que tout vient à lui ; désormais Bonaparte ne suit que ses propres inspirations et sa volonté inflexible

Trois ans et demi à peine se sont écoulés depuis la journée du 18 brumaire que le premier consul Bonaparte devient l'empereur Napoléon. Le voilà maintenant à l'œuvre ; il organise la justice, il classe la société, il rétablit la hiérarchie, l'ordre à l'intérieur, la paix à l'extérieur. Mais l'Europe ne lui pardonne pas ce qu'elle appelle une ambition démesurée ; le cri de guerre retentit. Soudain, à une immense coalition armée, le nouvel Empereur répond par des prodiges, sur les champs de bataille d'Austerlitz, d'Iéna et de Friedland.

CHAPITRE III.

Séjour de Napoléon à l'île d'Elbe.

La vie militaire de l'Empereur a été plusieurs fois tracée ; il y aurait double emploi à la placer ici. Que dire de nouveau sur ces batailles dont le nom est à jamais immortel ? Le but que nous nous sommes proposé d'atteindre dans cet écrit, est de révéler des faits peu connus, de publier des détails jusqu'à ce jour trop négligés. Les dix années du gouvernement impérial de Napoléon en France ont eu d'éloquents historiens ; les dix mois du gouvernement royal de Napoléon à l'île d'Elbe n'ont trouvé que de modestes chroniqueurs. Cette période de la vie du grand homme est néanmoins assez curieuse pour que l'on ne dédaigne pas d'en rappeler le souvenir.

Après l'envahissement de la France par les armées coalisées, Napoléon, à Fontainebleau, salua d'un triste et touchant adieu ses braves guerriers, officiers et soldats ; groupés autour de sa personne, tous la contemplèrent pour la dernière fois peut-être ; la plupart du moins le croyaient.

Suivi de quatre cents hommes de la garde, des généraux Drouot et Bertrand ; du général Cambronne, major du premier régiment de chasseurs de la garde ; du baron Jermanowski, major des lanciers polonais ; du chevalier Malet ; des capitaines d'artillerie Cornuel et Raoul ; des capitaines d'infanterie Loubers, Lamourette, Hureau et Combi ; des capitaines de lanciers polonais Balinski et Schoultz, Napoléon, le 20 avril 1814, se dirigea vers Fréjus. Non loin des murs de la vieille cité, au milieu du golfe qui, depuis, est devenu si célèbre, deux frégates manœuvraient, l'une anglaise, l'autre française. L'Empereur choisit, pour le transporter à l'île d'Elbe, lieu de son exil, le navire anglais, qui se nommait *The Undaunted*. « Il ne sera pas dit, s'écria Napoléon, qu'un vaisseau français aura servi à me déporter. »

Le 3 mai, à six heures du soir, la frégate entrait dans la rade de Porto-Ferrajo, capitale du ridicule royaume que l'on avait cédé au chef de tant de peuples, à celui qui naguère gouvernait tant de nations.

Les cartes de Danville désignent l'île d'Elbe sous le nom d'*Ilva* : possédée d'abord par une colonie grecque, elle tomba, ainsi que l'Etrurie, au pouvoir des Romains. Ses mines de fer avaient dès lors une grande célébrité, et Virgile, dans l'*Énéide*, livre X, leur a consacré une mention. Au onzième siècle, l'île d'Elbe figure dans les dépendances de la puissante république de Pise ; plus tard, les Génois en dépossédèrent les Pisans, et la donnèrent aux Lucquois, moyennant une redevance annuelle. Peu après, les Pisans en firent de nouveau la conquête, et ils accordèrent aux habitants de nombreux priviléges, pour s'assurer de leur fidélité. Après avoir été réunie à la France en même temps que le Piémont, l'île d'Elbe est devenue, depuis 1815, la possession du grand-duc de Toscane.

Cependant l'Empereur déchu avait fait arborer sur les remparts de sa nouvelle résidence le drapeau des Elbois, au fond blanc, avec une bande rouge semée de trois abeilles d'or. Napoléon, vêtu de l'uniforme de colonel des chasseurs à cheval de la garde, avait substitué à la cocarde tricolore la cocarde rouge et blanche de l'île ; à peine descendu à terre, cent et un coups de canon saluèrent son arrivée, tandis que le clergé et les notables de Porto-Ferrajo lui présentaient les clefs de la ville sur un plat d'argent, selon l'antique usage.

Le général Dalesme commandait à l'île d'Elbe au nom de la France. Il dut rendre ses pouvoirs à celui qui les lui avait donnés, et, le jour du débarquement de Napoléon, des crieurs publics parcoururent l'île entière, faisant connaître, au son des trompes, la proclamation suivante, signée par le général Dalesme, et rédigée, dit-on, par Napoléon lui-même :

« Habitants de l'île d'Elbe,

« Les vicissitudes humaines ont conduit au milieu de

vous l'empereur Napoléon ; son propre choix vous le donne
pour souverain. Avant d'entrer dans vos murs, votre nouveau monarque m'a adressé les paroles suivantes, que je
m'empresse de vous faire connaître, parce qu'elles sont le
gage de votre bonheur futur.

« Général, m'a dit l'Empereur, j'ai sacrifié mes droits à
l'intérêt de la patrie, et je me suis réservé la souveraineté
et la propriété de l'île d'Elbe. Toutes les puissances ont
consenti à cet arrangement. En annonçant aux habitants
cet état de choses, dites-leur que j'ai choisi cette île pour
mon séjour, en considération de la douceur de leurs mœurs
et de leur climat ; assurez-les qu'ils seront l'objet constant
de mon intérêt le plus vif. »

. « Elbois, ces paroles n'ont pas besoin de commentaires ;
elles formeront votre destinée. L'Empereur vous a bien
jugés ; je vous dois cette justice, et je vous la rends. Habitants de l'île d'Elbe, je m'éloignerai bientôt de vous, et
cet éloignement me sera pénible ; mais l'idée de votre bonheur adoucit l'amertume de mon départ, et en quelque
lieu que je puisse être, je conserverai toujours le souvenir
des vertus des habitants de l'île d'Elbe.

« Dalesme. »

Il était donc roi de l'île d'Elbe, Napoléon, comme, à
une autre époque, Charles VII, chassé de Paris, était sim-
plement le roi de Bourges.

On ne peut aujourd'hui causer avec un Elbois sans que
la conversation tombe aussitôt sur l'Empereur ; les habitants montrent le château du gouverneur, qu'il habita,
bâtiment fort simple, avec deux ailes et à deux étages,
dans une position qui domine la ville, entre les forts Fal-
cone et Stella. Au midi, le regard plane sur la cité et les
montagnes de l'intérieur ; au nord, sur Piombino et la
côte d'Italie. C'est à qui racontera mille petits détails sur
la vie de Napoléon, sur ses habitudes, ses occupations et ses
plans pour l'administration de son royaume en miniature,
et toutes ces causeries offrent un vif intérêt.

L'activité merveilleuse de Napoléon ne l'avait point
abandonné ; il se levait à deux heures du matin, et tra-
vaillait jusqu'au jour. Il s'occupait surtout de l'histoire de
France et de recherches sur l'Égypte. Le jour venu, il
sortait pour aller visiter les routes et les constructions
auxquelles il faisait travailler. A neuf heures, il venait
déjeuner, puis il se recouchait pour une couple d'heures.
Il restait ensuite jusqu'au soir dans son cabinet, recevant

les étrangers, expédiant des affaires, donnant des audiences, préparant des travaux, et peut-être méditant déjà les proclamations par lesquelles il annonça son retour en France. Dans la soirée, il allait, accompagné du général Bertrand ou du comte Drouot, se distraire à Longone ou à San-Martino, sa maison de campagne. Avant l'arrivée de Napoléon, San-Martino n'était qu'une chaumière, qu'il avait fait reconstruire et meubler avec goût; l'Empereur n'y séjournait jamais, c'était pour lui seulement un but de promenade.

À huit heures, on servait le dîner; l'Empereur plaçait à côté de lui les personnes de distinction, mais la place de face restait toujours inoccupée. Napoléon goûtait de plusieurs plats avec une rapidité extrême, se les faisant passer sans la moindre interruption. Une demi-heure au plus suffisait pour le repas. S'il y avait des dames, le glorieux exilé leur faisait les honneurs; dans ses moments de belle humeur, il étendait cette faveur à tout le monde; d'autres fois il demeurait pensif, sans ouvrir la bouche, et personne alors ne lui parlait. Après dîner, on passait dans un petit jardin, derrière le château, et là on causait jusqu'à onze heures.

Six semaines à peine s'étaient écoulées depuis l'arrivée de l'Empereur dans l'île d'Elbe, lorsqu'un navire, ayant à bord madame Lætitia, aborda sur la plage de Porto-Ferrajo. Une des sœurs de Napoléon, la princesse Borghèse, y débarqua peu de jours après. On sait tout l'attachement que Pauline ne cessa de témoigner à son frère : à l'époque de son premier voyage, elle ne resta que deux jours auprès de lui ; mais, le 1er novembre, elle quitta Naples, pour venir fixer sa résidence à l'île d'Elbe.

Tous les dimanches, vers l'heure de midi, Napoléon assistait régulièrement à une messe, qui se disait au château; les autorités de l'île ne manquaient pas de s'y trouver : elle était suivie d'un lever, où l'Empereur adressait la parole à chacun, car il n'avait point perdu les habitudes monarchiques contractées aux Tuileries. Lorsque Napoléon s'établit dans son nouveau royaume, il était très-impopulaire parmi les indigènes, qui jusqu'alors avaient eu peu à se louer de la France. Bientôt l'Empereur triompha des répugnances locales. Son premier soin fut de réformer et d'améliorer, d'ordonner des routes, de faire bâtir. En quelques semaines un théâtre fut construit; une vieille masure fut transformée en une vaste caserne; une magnifique chaussée traversa Porto-Ferrajo, et conduisit à l'extrémité de l'île;

d'autres routes furent tracées pour se rendre à des points importants. Napoléon appliqua les revenus publics aux besoins les plus indispensables. Ces revenus se composaient : 1° des mines de fer, dont on pouvait tirer un million par année ; 2° de la pêche du thon, qui était affermée de quatre à cinq cent mille francs ; 3° des salines, dont l'exploitation, accordée à une société, pouvait rapporter à peu près la même somme ; 4° de l'imposition foncière et de quelques droits de douane. Ces produits divers, réunis aux deux millions qu'il s'était réservés sur le grand-livre, constituaient à l'Empereur quatre millions et demi de revenus. « Jamais je ne me suis trouvé si riche, » répétait-il souvent aux généraux Bertrand et Drouot.

Les deux anciens quartiers du génie et de l'artillerie, joints par une galerie élégante, devinrent le palais impérial de Napoléon. Une allée d'acacias a été plantée par lui sur l'ancien rempart changé en jardin. Une citerne à pompe est aussi son ouvrage. On reconnaît dans la nouvelle et passagère habitation l'esprit et les habitudes d'ordre du maître, et tout le soin matériel de la vie qui distinguait les résidences impériales, si habilement réparées, dégagées et embellies sous son règne. Une porte de derrière, ménagée dans le cas d'une invasion, montre les vicissitudes de cette fortune si longtemps menaçante, et réduite à craindre sous son propre toit. Dans les appartements on remarque quelques gravures de la grande description de l'Egypte, souvenirs des temps de jeunesse, d'espérance et de gloire de l'Empereur. Le bureau d'acajou est encore à la même place dans le cabinet ; il sert au gouverneur actuel de l'île, ancien officier des armées françaises, qui ne se doutait guère, lorsqu'il servait dans nos rangs, qu'un jour il dût signer des ordres sur le bureau de Napoléon.

En peu de temps affluèrent à l'île d'Elbe tous les curieux, tous les désœuvrés de l'Europe ; il fallut même prendre de certaines mesures pour éviter les désordres inséparables d'une réunion si nombreuse de gens inconnus, parmi lesquels se trouvaient bon nombre d'aventuriers venant chercher fortune.

Nous avons parlé de San-Martino, la villa de Napoléon ; de ce lieu, Porto-Ferrajo, la mer, les vaisseaux, les montagnes, forment une vue délicieuse. La maison, petite, mais bien distribuée, n'a qu'un étage d'un côté, et deux de l'autre ; la salle à manger est décorée à l'égyptienne ; sur la cheminée du salon on voit encore les bustes en marbre de la princesse Elisa et de son mari, M. Biacciochi. San-Martino est aujourd'hui propriété de l'archiduchesse Marie-Louise, et son régisseur, *Fattore*, y réside. Cette chétive villa est l'unique héritage laissé par le possesseur de tant de vastes et beaux domaines.

Napoléon, qui, au temps de ses prospérités, étouffait en Europe, devait se sentir à l'étroit dans l'île d'Elbe; aussi l'a-t-il parcourue en tous sens. Marciana, le territoire le plus montueux, le plus sauvage de l'île, était le but préféré de ses excursions; il y était attiré, dit-on, par la fraîcheur, la pureté de l'air, la limpidité des eaux, mais plutôt sans doute par l'aspect de la forte nature, par le caractère âpre, indépendant, indomptable des montagnards, caractère qui était plus en rapport avec ses goûts, que la douceur et la mollesse toscane des autres habitants de l'île d'Elbe.

Tandis que l'Empereur gouvernait ses petits états, tandis qu'il les embellissait avec toute l'activité dont il était capable, on apprend qu'il est question de le transporter au loin. Dans une des séances du congrès de Vienne, la France avait réclamé l'éloignement de Napoléon comme une mesure indispensable à sa sûreté; n'était-il pas dangereux pour le repos de l'Europe que Napoléon résidât si près des côtes d'Italie et de Provence? L'illustre proscrit, fatigué de son exil, ne pouvait-il pas se rendre à Naples en quatre jours; puis, aidé par Murat, ne descendrait-il pas dans les provinces de la haute Italie, déjà mécontentes, ne les soulèverait-il pas et ne verrait-on pas recommencer une guerre mortelle? Alors la police européenne venait d'intercepter la correspondance du général Excelmans avec le roi de Naples, correspondance qui faisait soupçonner une conspiration en faveur d'un retour au système impérial et par conséquent aux hommes de l'empire; l'île d'Elbe, affirmait-on, était le foyer des intrigues et un point de réunion pour les conspirateurs.

Soudain, au congrès de Vienne, les représentants de l'Europe s'occupèrent de choisir une autre résidence à l'Empereur; ce fut l'Angleterre qui proposa Sainte-Hélène.

Tout ceci était parfaitement connu de Napoléon, et, sans hésiter, il forma le projet qu'il accomplit avec tant d'audace et de bonheur.

Huit jours suffirent pour les préparatifs.

On réunit des navires de transport, le brick l'*Inconstant*, le chebek l'*Etoile*, des bâtiments de commerce, des barques de pêcheurs. Enfin, le 26 février 1815, Napoléon quitta l'île d'Elbe à huit heures du soir, quatre heures après l'embarquement de sa troupe, qui était composée d'à peu près mille hommes, parmi lesquels se trouvaient plusieurs Polonais, cinq cents volontaires venus de la Corse, et quelques étrangers. La défense de l'île d'Elbe fut confiée au colonel Lapi ; Napoléon recommanda aux habitants sa mère et sa sœur Pauline, qui restaient avec eux. « L'expédition que je vais tenter, leur dit-il, réussira, j'en ai l'espoir. Soyez sans crainte. En cas de guerre, j'enverrai des secours pour vous aider à défendre ce sol qui m'est cher ; ne le remettez à aucune puissance que sur un ordre émané de moi. »

Un coup de canon retentit dans l'espace ; et la flottille appareilla, pendant que soufflait le vent du sud-est, heureux présage qui annonçait un voyage rapide et qui semblait prédire de nouveaux succès.

Le 1er mars, la petite flotte jeta l'ancre dans le golfe Juan. A cinq heures, Napoléon toucha le sol de France et s'assit au pied d'un olivier, sur lequel les paysans de la contrée ne manquent pas d'attirer l'attention du voyageur.

Alors commença une série d'événements qu'il ne fut donné à aucune puissance humaine de prévoir ; alors s'accomplit ce fabuleux voyage, mêlé de prospérités inouïes et de revers immenses, voyage glorieux et mémorable, qui des rivages de Cannes conduisit Napoléon aux Tuileries, des Tuileries à Waterloo, et de là au milieu des mers irritées, sur cette roche inhospitalière dont l'ouragan et la tempête se disputent tour à tour la possession.

A Sainte-Hélène, l'Empereur, parlant de son retour de l'île d'Elbe, disait qu'il n'avait d'autre mérite que d'avoir bien jugé de l'état des choses en France, et d'avoir su lire dans le cœur des Français ; que cela avait été toutes ses intelligences, « car, s'écriait-il, si l'on excepte Labédoyère qui accourut à moi d'enthousiasme et de cœur, et un autre encore qui me rendit franchement de grands et vrais services, presque tous les généraux, sur la route, se montrèrent incertains et de mauvaise grâce ; ils ne firent que céder à l'impulsion de leurs soldats, si même ils ne se déclarèrent hostiles.

« Tout le monde sait bien aujourd'hui que Ney quitta Paris tout au roi, et que s'il tourna contre lui quelques jours plus tard, c'est qu'il crut ne pouvoir faire autrement.

« J'étais si loin de compter en aucune manière sur Mas-

séna, que je me crus obligé, en débarquant, de le sauter à
pieds joints ; et, le questionnant plus tard à Paris sur ce
qu'il aurait fait si je ne me fusse éloigné aussi rapidement
de la Provence, il eut la franchise de répondre qu'il serait
bien embarrassé de me le dire ; mais que le plus sûr, dans
tous les cas, avait été d'agir ainsi que j'avais fait.

« Saint-Cyr s'était vu en danger pour avoir voulu con-
tenir les soldats confiés à ses ordres.

« Soult me confessa que le roi lui avait inspiré un véri-
table goût, tant il se trouvait bien de son régime ; et il ne
voulut reprendre du service qu'après le Champ-de-Mai.

« Macdonald ne reparut point.

« Le duc de Bellune suivit le roi à Gand.

« Ainsi, concluait l'Empereur, si les Bourbons ont eu à
se plaindre de la désertion du soldat et du peuple, ils n'ont
pas le droit de reprocher le manque de dévouement et de
fidélité aux principaux de l'armée, à ces élèves ou chefs de
la révolution, qui, malgré une habitude de vingt-cinq ans,
ne se sont montrés que de vrais enfants en politique. On
ne les a trouvés ni émigrés, ni nationaux (1). »

Enfin, Napoléon discutait les avantages qu'il y aurait eu
pour l'Europe à s'en tenir au retour de l'île d'Elbe : « Quelle
fatalité, disait-il, que chacun n'ait pas vu que j'étais
l'homme le plus nécessaire au repos et à l'équilibre eu-
ropéen ! Les rois et les peuples m'ont craint ; ils ont eu tort,
et peuvent le payer chèrement. En quittant l'île d'Elbe, je
revenais un homme nouveau : ils n'ont pu le croire ; ils
n'ont pu imaginer qu'un homme eût l'âme assez forte pour
changer son caractère, ou se plier à des circonstances obli-
gées. J'avais pourtant fait mes preuves et donné quelques
gages de ce genre. J'aurais été franchement le monarque
de la constitution et de la paix, comme j'avais été celui de
la dictature et des grandes entreprises.

« Et raisonnons un peu sur ces craintes des rois et des
peuples à mon égard.

« Quelles pouvaient être les craintes des rois ? Redoutaient-ils toujours mon ambition, mes conquêtes, ma monarchie universelle ? Mais ma puissance et mes forces n'é-
taient plus les mêmes ; et puis, je n'avais vaincu et con-

(1) Consultez un excellent ouvrage publié chez Duféy, rue des Ma-
rais-St-Germain, 17, sous ce titre : *Napoléon, ses opinions et jugements sur les hommes et sur les choses*, recueillis par Damas Hi-
nard, 2 vol. in-8° ; 16 fr. Cet ouvrage est incontestablement un de
ceux qui font le mieux connaître le caractère et les pensées intimes de
l'empereur.

quis que dans ma propre défense. C'est une vérité que le temps développera chaque jour davantage; l'Europe ne cessa jamais de faire la guerre à la France, à ses principes, à moi. Il nous fallait abattre, sous peine d'être abattus. La coalition exista toujours, publique ou secrète, avouée ou démentie; elle fut toujours en permanence. C'était aux alliés seuls à nous donner la paix; pour nous, nous étions fatigués; les Français s'effrayaient de conquérir de nouveau. Moi-même, me croit-on insensible aux charmes du repos et de la sécurité, quand la gloire et l'honneur ne le veulent pas autrement? Avec nos deux chambres, on m'eût refusé désormais de passer le Rhin. Et pourquoi l'eussé-je voulu? pour ma monarchie universelle? mais je n'ai jamais fait preuve entière de démence. Au retour de l'île d'Elbe, une pareille idée, une pensée aussi folle, un résultat aussi impossible pouvaient-ils entrer dans la tête du moins sage des hommes? Les souverains n'avaient donc rien à craindre de mes armes.

« Redoutaient-ils que je les inondasse de principes anarchiques? continuait l'Empereur; mais ils connaissaient par expérience mes doctrines sur ce point. Ils m'ont vu tous occuper leurs territoires; combien n'ai-je pas été poussé à révolutionner leurs pays, à municipaliser leurs villes, à soulever leurs sujets! Bien qu'on m'ait salué, en leur nom, de *moderne Attila*, de *Robespierre à cheval*, tous savent mieux dans le fond de leur cœur...... Qu'ils y descendent! Si je l'avais été, je régnerais encore peut-être; mais eux, bien sûrement, et depuis longtemps, ils ne régneraient plus. »

Telles étaient les réflexions amères que suggérait à Napoléon la conduite des souverains coalisés après son retour de l'île d'Elbe; puis, tournant son regard vers les peuples, l'Empereur s'écriait: « De quoi pouvaient-ils s'effrayer? que je vinsse les ravager, leur imposer des chaînes? Mais je revenais le Messie de la paix et de leurs droits; cette doctrine nouvelle faisait ma force; la violer, c'était me perdre. L'histoire me rendra justice; elle me signalera comme l'homme des abnégations et du désintéressement. De quelles séductions ne fus-je pas l'objet à l'armée d'Italie! L'Angleterre m'offrit d'être roi de France lors du traité d'Amiens. Je repoussai la paix de Châtillon, je dédaignai toute stipulation personnelle à Waterloo. Pourquoi? c'est que rien de tout cela n'était la patrie, et je n'avais d'autre ambition que la sienne, celle de sa gloire, de son ascendant, de sa majesté. Et aussi voilà pourquoi, en dépit de tant de malheurs, je demeure si populaire parmi les Français. C'est une espèce d'instinct, d'arrière-justice de leur part. »

Ainsi s'exprimait le grand capitaine sur les conséquences que, selon lui, aurait dû avoir ce magique retour de l'île d'Elbe, qui fut un sujet de terreur pour les uns, et pour les autres un présage de conquêtes, un rêve de gloire, une espérance de bonheur.

CHAPITRE IV.

Exil et mort de l'Empereur, à Sainte-Hélène.

On éprouve un indéfinissable sentiment de tristesse et de douleur au souvenir des dernières années de Napoléon, jeté dans cette île maudite, où comme il le répétait souvent lui-même, on ne voit ni soleil ni lune pendant la plus grande partie de l'année : « Tout est gradation dans le monde, disait l'Empereur ; l'île d'Elbe, trouvée si mauvaise il y a un an, est un lieu de délices comparé à Sainte-Hélène. Quant à Sainte-Hélène, elle peut défier tous les regrets à venir. »

Rien de plus repoussant et de plus stérile, en effet, que l'aspect extérieur de l'île Sainte-Hélène, masse énorme de rochers noirâtres formés de différentes sortes de laves, qui s'élèvent de l'Océan en pics perpendiculaires rudes et irréguliers ; ils n'offrent aucune espèce de végétation. à quinze cents pieds au-dessus de la mer, et l'aridité de leur ensemble n'est rompue que par des ravins profonds. James-Town, seule ville qui soit dans l'île, est située au fond d'une gorge étroite, flanquée de chaque côté de rochers énormes et saillants qui menacent continuellement de destruction les habitants de la cité. Le rocher placé à gauche, en venant de la mer, est appelé Rupert-Hill ; celui qui se trouve à droite porte le nom de Ladder-Hill. James-Town est défendue par une ligne de fortifications pratiquée le long de la baie, par des ouvrages maritimes, et par les batteries de Rupert-Hill et de Ladder-Hill. Dian's-Peak (le pic de Diane), point le plus élevé de l'île Sainte-Hélène, est à deux mille quatre cents pieds au-dessus de la surface des ondes. Avant de s'établir à Longwood, Napoléon séjourna à Briars, propriété de M. Balcombe, qui accueillit l'Empereur avec la plus touchante cordialité.

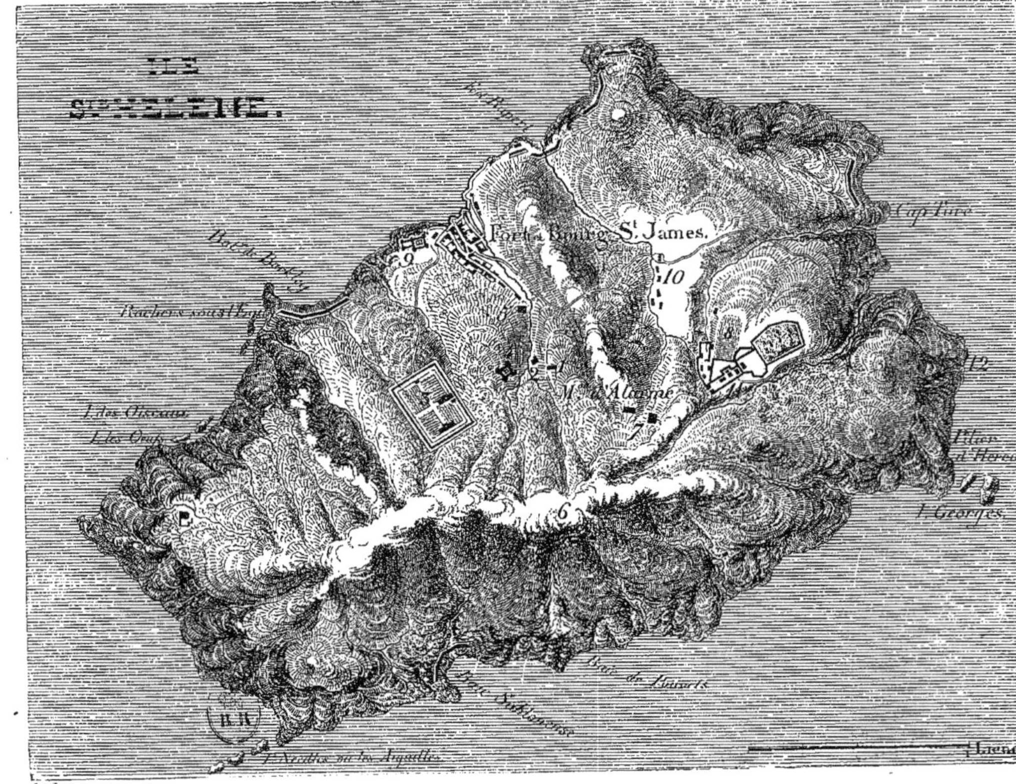

1. Briars, séjour de Napoléon à son débarquement.
2. Le pavillon qu'il occupait ensuite.
3. Maison du gouverneur anglais.
4. Citadelle.
5. Maison de Hudson-Lowe.
6. Pic de Diane : hauteur, 800 mètres.
7. Tombeau de Napoléon.
8. Champ où l'Empereur a labouré un sillon.
9. Fort Ladder-Hill.
10. Baraques des Chinois.
11. Longwood.
12. 540 lieues jusqu'aux côtes d'Afrique.

Tout a été dit sur la résidence de Longwood, vaste plaine qui s'étend au sommet d'une montagne ; la situation en était si triste que jamais aucune famille indigène ou étrangère n'avait pu l'habiter plus de quelques mois dans l'année. On y voyait des milliers d'arbres à gomme, *gumwoods*, tous à peu près de la même taille et penchant tous du même côté, ce qui leur donnait un aspect mélancolique et monotone ; les feuilles de cet arbre sont petites, étroites, et comme elles se trouvent réunies aux extrémités des branches, elles ne fournissent que peu d'ombrage, sans force contre les rayons pénétrants du soleil (1).

Ce fut le 17 octobre 1815, deux mois après avoir fait ses derniers adieux à la France, que Napoléon aborda dans l'île qui devait être son tombeau. Sa captivité dura six années ; et comme l'écrit avec justesse M. Abel Hugo (2), elle a fait pour sa mémoire plus peut-être que ses victoires les plus glorieuses. Nous lui devons de bien le connaître, d'avoir pu apprécier son caractère et admirer son génie que les calomnies contemporaines se sont tant efforcées d'obscurcir ! Elle a avancé, pour Napoléon, l'heure de la postérité. L'Empereur, en écrivant, ainsi qu'il l'avait promis à ses soldats, *l'histoire des grandes choses qu'ils avaient faites ensemble*, a élevé un éternel monument à la gloire des armées françaises.

Le séjour de Napoléon à Sainte-Hélène n'est en quelque sorte qu'une longue agonie ; en tracer l'historique, c'est donc faire l'histoire de ses derniers moments, c'est racon-

(1) L'île Sainte-Hélène fut découverte le 21 mai 1502 par Jean de Nova, gentilhomme portugais qui revenait des Indes. Elle resta inculte et déserte jusqu'en 1512, époque où quelques colons s'y fixèrent. Voici ce que racontent à ce sujet les chroniques portugaises. — Rosto Mocus, fameux chef indien qui disputa longtemps la victoire au célèbre Alphonse Albukerque, ayant été vaincu, fut forcé, par un article d'un traité, de livrer aux vainqueurs plusieurs seigneurs portugais qui avaient abandonné et leur religion et les drapeaux d'Albukerque. Rosto Mocus obtint qu'ils auraient la vie sauve ; mais Albukerque ne crut pas manquer au traité en les mutilant pour en faire un exemple terrible : il leur fit couper le nez, les oreilles, la main droite et le petit doigt de la main gauche ; puis, les faisant embarquer, il les envoya en Europe. Fernando Lopez, un de ces malheureux, préféra un exil volontaire à la honte de reparaître au sein de sa patrie dans l'état où il était : il demanda à être débarqué à Sainte-Hélène, ce qui lui fut accordé. Avec l'aide de plusieurs esclaves nègres et indiens qu'on lui laissa, il essaya de défricher quelques coteaux. De prodigieux succès couronnèrent ses efforts ; et bientôt la cour de Portugal songea à les encourager en lui adressant des familles entières de colons. Telle est l'origine de la colonie de Sainte-Hélène, qui est au pouvoir de la Compagnie des Indes depuis 1673.

(2) *Histoire de Napoléon*, déjà citée, page 474 de l'édition de 1836.

ter sa mort. Le 26 mars 1821, la maladie de l'Empereur prit un caractère grave; le docteur Antomarchi n'osa plus s'en rapporter à ses lumières, mais le malade ne voulait pas de médecin anglais; une consultation devenait indispensable. « Une consultation! à quoi servirait-elle, s'écria le glorieux captif; vous jouez tous à l'aveugle. Un autre médecin ne verrait pas plus que vous ce qui se passe dans mon corps; s'il prétendait mieux y lire, ce serait un charlatan qui me ferait perdre le peu de confiance que je conserve encore pour les enfants d'Hippocrate. D'ailleurs, qui consulterais-je? des Anglais qui recevraient les inspirations d'Hudson? Je n'en veux pas, je vous l'ai déjà dit; j'aime mieux que l'iniquité s'achève; la flétrissure équivaut à toutes mes angoisses. » Cependant l'Empereur consentit à recevoir le docteur Arnott, chirurgien du 20ᵉ régiment.

La maladie faisait des progrès rapides; Napoléon se refusait à prendre tout remède : « Les soins me sont inutiles, disait-il; ce qui arrive est écrit, notre heure est marquée, nul d'entre nous ne peut prendre sur le temps une part que lui refuse la nature. Et puis, comment me résigner à tous ces médicaments? cela est peut-être au-dessus de mes forces. C'est une chose inouïe que mon aversion pour les remèdes. Je courais les dangers avec indifférence, je voyais la mort sans émotion, et je ne peux, quelque effort que je fasse, approcher de mes lèvres un vase qui contienne la plus légère préparation. » S'adressant ensuite à la comtesse Bertrand : « Comment faites-vous pour prendre toutes ces pilules, toutes ces drogues que vous prescrit sans cesse le docteur? — Je les prends sans y penser, répondit-elle, et je conseille à Votre Majesté d'en faire autant. » Il secoua la tête, adressa la même question à ses valets de chambre qui avaient tous été malades; il reçut de chacun d'eux la même réponse : « Je suis donc ici le seul rebelle à la médecine, s'écria-t-il; je ne veux plus l'être ! »

Pendant ce temps, un officier d'ordonnance anglais, chargé de constater la présence de Napoléon, était obligé de faire chaque jour son rapport au gouverneur, et d'attester qu'il l'avait vu ; mais l'Empereur gardait le lit depuis le 17 mars, l'officier n'avait pu remplir cette partie de sa mission. Hudson s'imagina qu'il était trahi. Il vint à Longwood avec sa suite, fit le tour de l'habitation, n'aperçut rien, s'emporta et menaça l'officier des peines les plus sévères s'il ne s'assurait de la présence du *général Bonaparte*. L'officier était fort embarrassé ; il s'adressa à M. Marchand, qui lui ménagea les moyens de calmer les fureurs d'Hudson Lowe. Il fallait éviter que Napoléon aperçût l'agent du gouverneur, faire en sorte qu'il ne se doutât pas même de sa présence. La chose n'était pas facile, ils y réussirent cependant. La chambre à coucher de l'Empereur se trouvait au niveau du sol, et les fenêtres étaient assez basses pour qu'on vît tout ce qui s'y passait ; tandis que le général Montholon et le docteur Antomarchi se tinrent à côté du malade, le valet de chambre entr'ouvrit légèrement le rideau, comme s'il eût voulu regarder dans le jardin ; l'officier, qui était posté en dehors de la fenêtre, vit et put faire son rapport. Mais le gouverneur ne fut pas satisfait ; il ne rêvait que fuite, évasion, et ne passait pas un jour sans chercher à surprendre le seuil de son prisonnier. Enfin, le 31 mars il déclara que si, dans la journée, ou au plus tard le lendemain, son agent n'avait pas la faculté de voir le *général Bonaparte*, il arriverait avec son état-major et forcerait l'entrée, sans avoir égard pour les suites fâcheuses que son irruption pourrait avoir. Le général Bertrand chercha un moyen de conjurer l'orage en représentant à Napoléon que son état exigeait des soins, des ménagements, une pratique éclairée, en un mot, qu'il devait appeler auprès de lui un second médecin. Le docteur anglais Arnott fut définitivement choisi ; le gouverneur le rendit responsable de la présence de l'Empereur, et il fut obligé de faire chaque jour un rapport à l'officier d'ordonnance que celui-ci était obligé de transmettre à Hudson Lowe.

Le 5 mai, quelques heures avant la mort de Napoléon, se passa la plus déchirante des scènes dont fut accompagnée sa longue agonie. La comtesse Bertrand qui, malgré ses souffrances, n'avait pas voulu quitter un instant le lit de l'auguste malade, fit appeler d'abord sa fille Hortense, et ensuite ses trois fils, pour leur faire voir une dernière fois celui qui avait été leur bienfaiteur. Rien ne saurait exprimer l'émotion qui saisit ces enfants à ce spectacle de mort. Il y avait environ cinquante jours qu'ils n'avaient été admis auprès de Napoléon, et leurs yeux pleins de larmes cherchaient avec effroi sur son visage pâle l'expression de bonté et de grandeur qu'ils avaient l'habitude d'y trouver ; d'un mouvement commun ils s'élancent vers le lit, saisissent les deux mains de l'Empereur et les inondent de leurs larmes. Sans doute le souvenir de cette scène restera dans leur esprit ; ils se rappelleront toujours qu'ils ont contemplé le corps de Napoléon au moment où son âme allait en sortir ; ce ne fut, parmi les assistants, qu'un

même gémissement, une même angoisse, un même pres-
sentiment de l'instant fatal que chaque minute approchait ;
à six heures moins onze minutes, l'Empereur cessa de vivre.

Les funérailles eurent lieu le 8 mai. Le gouverneur arri-
va, le contre-amiral suivit, et bientôt toutes les autorités
civiles et militaires se trouvèrent réunies à Longwood. La
journée était magnifique, la population couvrait les avenues,
la musique couronnait les hauteurs ; jamais spectacle aussi
triste, aussi solennel n'avait été étalé dans ces lieux. A
midi et demi, le cercueil, couvert d'un drap de velours
violet et du manteau que Napoléon portait à Marengo, fut
placé sur un char. Le cortége se mit en marche conformé-
ment au programme arrêté par Hudson Lowe. Arrivée au
lieu de la sépulture, la foule se précipita sur les saules dont
la présence de l'Empereur avait déjà fait un objet de vénération ; chacun voulait avoir des branches ou des feuilles de
ces arbres qui devaient ombrager la tombe du grand
homme ; en un instant les saules furent dépouillés jusqu'à
la hauteur où la main peut atteindre. Hudson était pâle de
colère ; il s'en vengea en interdisant l'accès du tombeau,
qu'il fit entourer d'une barricade, et auprès duquel il plaça
deux factionnaires anglais.

CHAPITRE V.

Résumé.

> Mes compagnons, vous le rappelez-vous
> ce champ funeste où s'arrêta la conquête
> du monde, où vingt ans de victoire vin-
> rent échouer, où commença le grand écrou-
> lement de notre puissance ?
>
> Ségur.

Sans demander à la France le secret de sa fortune, sans
chercher dans les révolutions ce qui les fait naître, montrons
seulement ce qu'elles produisent.

En 1789, l'ancienne société croûlait de toutes parts, à la
voix de mille tribuns sortis du peuple, et peuple eux-
mêmes ; les puissances sociales n'ayant conservé de leur
force que l'appareil qui la couvrait, il fut aisé de constater,
en soulevant la chape d'or et le manteau ducal, qu'il n'y
avait plus que des morts sous ces riches couvertures. Une
heure, une seule heure, fait de la Bastille, cet effroi de vingt
millions d'hommes, un amas de pierres autour duquel
viennent danser les femmes et les enfants. Vainement quel-

TOMBEAU DE NAPOLÉON A SAINTE-HÉLÈNE.

ques vieux nobles essaient de reprendre leur armure : la rouille l'avait rongée.

Un sous-lieutenant s'est fait connaître. Aux époques où les distinctions de rang et de naissance, tout à fait abolies, ne peuvent plus étouffer les supériorités de génie et de talent, les hommes vigoureusement trempés sont bientôt en évidence. Celui-ci se révèle sur les marches de Saint-Roch ; il vient foudroyer des habitants de Paris, soulevés contre la Convention. Singulière fantaisie du hasard ! pour défendre la révolution qui a frappé d'exil le clergé, il établit son quartier-général devant les portes d'une église dévastée et sans culte, lui qui, plus tard, doit rappeler le clergé et lui rouvrir la porte des cathédrales !

Il confie donc au canon des guerres civiles le soin de sa naissante renommée ; la victoire ensuite prendra cette renommée, et, la faisant sortir de Paris, la portera vite en Italie, pour qu'elle se répande de là dans l'Europe entière.

En l'apercevant, l'héroïque Italie le salue comme l'un de ses souvenirs : il passe, il va plus loin, il va s'incliner devant Thèbes. Privé d'aïeux, il songe à s'en donner d'une étrange sorte, en attachant son nom aux plus antiques monuments du globe. « Du haut de ces pyramides, dit-il à ses soldats, quarante siècles vous contemplent; » et ces quarante siècles auxquels il se mêle deviennent à sa voix sa conquête, si ce n'est son héritage.

Cependant, la France menacée l'appelle : dès qu'il paraît, tous cherchent un abri sous les replis de ses drapeaux. Accueilli comme un espoir, comme une nécessité, l'admiration et la peur lui fraient les voies du rang suprême qu'il prend d'assaut à Saint-Cloud. Ne croyez pas que l'ardeur qui, de lieutenant, l'a fait général, et de général, consul, se soit éteinte : il devient empereur. Ce n'est pour lui qu'un grade de plus. Monté si haut, il voit plus loin, et veut avoir tout ce qu'il voit. Grand, parce qu'il fait tout ce qu'il lui plaît des nations, il ne peut s'empêcher, néanmoins, de mépriser ces nations qui lui laissent tout faire. Après avoir relevé le sceptre de Charlemagne, planté de nouveau la croix de Constantin, tiré de l'exil les écussons des cours de Charles VII et de François Ier ; après avoir rendu aux lois leur force, à la justice son glaive, la France lui crie : « Assez de gloire. — Non, répond-il, jamais assez ! »

Il continue. Sa pensée est de faire un seul royaume de l'univers. Le voilà sautant de fleuve en fleuve jusqu'à la Moskowa. Du milieu de la plus épouvantable bataille, les foudres de son artillerie le jettent dans les murs de Moscou. L'incendie à son tour l'en rejette. Échappé de cette fournaise, le voyez-vous maintenant enveloppé de frimas, à pied, un bâton à la main ? il parcourt, errant, un désert où le froid fait un marbre de la terre et des eaux ; mais dans ce désastre inouï, dans ce feu, dans cette glace, dans cette colère des éléments et des hommes, ce sont ses pas qui font le plus de bruit. Enfin il trouve, pour hâter sa course, au lieu d'un char de victoire, un traîneau fragile qui le fait glisser sans soldats, mais armé de son nom, à travers les empires qu'il a foulés et vaincus.

Toujours courant, il touche du pied les Tuileries, se retourne, et déjà il reporte sa forte épée au cœur de l'Allemagne. Il lui faut encore des victoires avant de tomber ; il en obtient ; puis viennent des revers, puis encore des succès : on ne peut deviner ce que la fortune lui réserve, tant elle a de peine à le quitter ! Fugitif, il recule, mais cette fois jusqu'à Fontainebleau, où il n'arrive, après de si vives secousses données au monde, que pour en finir d'un trait de plume. Il abdique, abandonnant le trône avec ce dédain d'un homme qui sait bien qu'en emportant sa gloire, c'est misère qu'un trône laissé derrière lui ; il abdique, et pour que tout soit extraordinaire dans cette destinée, on veut lui refuser une tombe sur un continent qu'il asservit. Nuit et jour, et sans cesse, les vagues de l'Océan murmurent au pied de son ombre, comme les nations envoyaient aussi leur murmure au pied de sa puissance.

Est-ce fini ?... Pas encore. De tels hommes n'ont pas besoin d'être vivants pour agiter les peuples. Regardez... la France lui a décerné un trophée de bronze. Tout froid qu'il est, ce bronze échauffe la foule ; et l'image du grand capitaine, debout sur le faîte, semble, à la tête de ces légions d'airain qui escaladent en tournoyant la colonne, être là-haut placée pour les guider vers l'immortalité.

Et maintenant la France lui décerne un tombeau... Le peuple, les hommes d'armes, les rois, les empereurs, viendront tour à tour le visiter. Les uns, transportés d'enthousiasme, en recevront une vigueur nouvelle ; et, comme le faisaient leurs ancêtres dans le caveau où repose le maréchal de Saxe, ils aiguiseront leurs bonnes épées sur la pierre froide du sépulcre. Les autres, saisis de respect, comme autrefois Napoléon en face de la tombe du grand Frédéric, contempleront en silence, aux Invalides, le monument où seront renfermées les dépouilles du puissant Empereur, l'orgueil de la France, de ce pays qui lui doit tant de lauriers, tant de triomphes et tant de gloire !

NAPOLÉON

LE 26 OCTOBRE 1806, A DIX HEURES DU MATIN,

au Tombeau du grand Frédéric.

APPENDICE.

Napoléon visitant le tombeau du grand Frédéric.

Napoléon, après le glorieux fait d'armes d'Iéna, marcha sur Berlin, et la capitale de la Prusse fit sa soumission au mois d'octobre 1806. La résistance des Prussiens dans cette campagne avait été faible, indécise, et peut-être l'état de sujétion où se trouvait la monarchie prussienne inspira à Napoléon quelque triste rapprochement avec l'éclat que cette monarchie avait jeté sous Frédéric II, son fondateur. Le nom de Frédéric avait rempli tout le dix-huitième siècle ; les études militaires de Napoléon s'étaient appliquées à comparer sans cesse la tactique du roi de Prusse avec celle de César, Turenne, le grand Condé, Montécuculli et le prince Eugène ; il avait conçu pour les plans de campagne du roi de Prusse, dans la guerre de sept ans, une grande admiration ; et puis Napoléon, lui-même créateur d'un vaste empire, aimait à méditer sur les glorieuses sueurs de ces hommes rares qui prennent un peuple pour le constituer dans de plus larges proportions. En arrivant à Berlin, Napoléon était tout plein de Frédéric ; ceux qui l'ont approché à cette époque se rappellent qu'il semblait n'avoir que deux idées fixes : effacer les tristes trophées de Rosbach, enlever les drapeaux français qui pendaient à Postdam, et ensuite rendre visite au tombeau du roi de Prusse, comme s'il avait à plaindre le double deuil d'un grand homme et d'une grande monarchie qui tombait.

Napoléon ne prononçait le nom de Frédéric qu'avec vénération ; il portait une sorte de culte aux moindres objets qui lui avaient appartenu ; et, lorsqu'en arrivant à Postdam, le 24 octobre 1806, Napoléon trouva l'épée, le cordon des ordres, la ceinture de ce prince et les drapeaux de sa garde durant la guerre de sept ans, on entendit l'empereur s'écrier : « Voilà des trophées que je préfère à vingt millions. J'en ferai présent à mes vieux soldats de la campagne de Hanovre. Les Invalides les garderont comme un témoignage des victoires de la grande armée, et de la vengeance qu'elle a tirée des désastres de Rosbach. »

Laissons parler maintenant le duc de Rovigo, qui accompagnait Napoléon lors de son entrée à Postdam : « Le premier soin de l'Empereur fut de visiter le château ; il remarqua sa beauté, et ne fit des réflexions que sur la nature du terrain sur lequel cette belle habitation est construite, et qui est si peu propre à la végétation, que les arbres n'y peuvent parvenir à une hauteur très-ordinaire. L'Empereur examina avec attention l'appartement du grand Frédéric, qui est religieusement respecté ; aucun de ses meubles n'a été déplacé. Ce n'est pas à leur magnificence qu'ils doivent leur prix, car il n'y a guère de magasins de friperie à Paris où l'on puisse trouver un meuble plus simple et plus commun. Sa table à écrire me parut être de la même espèce que celles que l'on voit encore chez nos vieux notaires de France. Son encrier et ses plumes étaient toujours là. L'Empereur ouvrit plusieurs des ouvrages qu'il savait que ce grand roi lisait de préférence, et il remarquait les notes qu'il avait mises de sa propre main à la marge ; il y en avait beaucoup qui respiraient la mauvaise humeur. L'Empereur voulut franchir la porte par laquelle Frédéric descendait sur la terrasse du côté du jardin, ainsi que celle par laquelle il sortait lorsqu'il allait passer des revues dans la plaine de sable qui est voisine du château. »

Frédéric expira le 17 août 1786 ; il fut inhumé dans la résidence de Postdam. Il était dix heures du matin, le 26 octobre 1806, lorsque Napoléon, accompagné du général Duroc et de deux aides-de-camp, se rendit sans faste au caveau qui renferme les dépouilles de ce grand capitaine. Napoléon portait l'uniforme historique de colonel des chasseurs de la garde. Il n'avait point annoncé son projet à ses aides-de-camp ; sa figure grave et habituellement méditative s'était successivement animée. En arrivant à Postdam, il demanda au gouverneur de voir le tombeau du grand Frédéric. Un officier prussien le précéda jusqu'à la grille qui fermait l'escalier du caveau ; cette grille était gardée par un vieux invalide prussien, le doyen de l'hôtel, et qui avait servi dans la guerre de sept ans ; ses cheveux blancs qui tombaient sur ses épaules, les cicatrices de son front annonçaient une de ces carrières militaires que Napoléon aimait à récompenser. Napoléon descendit quelques marches et entra dans le caveau, la tête découverte ; prenant cette attitude d'une solennelle réflexion, il se plaça, les bras croisés, devant le simple monument. Il resta plus de dix minutes dans cette contemplation, adressant de temps à autre quelques paroles saccadées à Duroc. Que de grandes pensées durent rouler dans cette tête ! que de méditations sur les chances et les fortunes diverses de la victoire ! Napoléon voulut tout voir, tout toucher de ce qui avait appartenu au grand Frédéric : « Ceci est plus simple, plus beau que Saint-Denis, » dit-il plusieurs fois à Duroc. Napoléon, qui aimait à consigner les moindres de ses démarches, dicta lui-même, en sortant du caveau ; les quelques lignes suivantes insérées dans le dix-huitième bulletin de la grande armée : « L'Empereur, y est-il dit, a été voir le tombeau du grand Frédéric. Les restes de ce grand homme sont renfermés dans un cercueil en bois couvert en cuivre, placé dans un caveau, sans ornement, sans distinctions qui rappellent les nobles actions faites par un des premiers capitaines dont l'histoire conservera le souvenir. »

TYPOGRAPHIE LACRAMPE ET COMP., RUE DAMIETTE, 2.

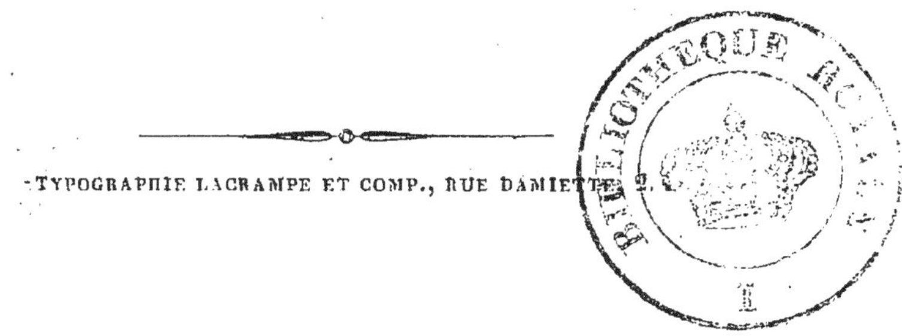